指尖上的中国系列丛

①

中国典故

卢 雪 著

济 南 出 版 社

卢雪和五大洲的孩子们

卢雪之歌

乔羽

是神話，还是童話？
夏天的樹，
春天的花，
秋天的果实，
冬天的洁白无瑕，
都在你的剪裁下
变成了一幅幅美丽的畫画
蓝眼睛的俊俏，
黑眼睛的潇洒，
古代人的智慧，
現代人的豁達，
你都妙手生春
让他们一个个神采焕發
卢雪呀，卢雪，
你用剪刀創造了艺术，
你的故事便是一首天真无邪的童話

（中国著名歌词作家乔羽先生为本书作者所创作的歌词）

序

【美国】彼尚·安裘密

我生于伊朗，长于美国。当第一次来到中国时，我就对这个国家和她的人民怀有深深的好感和无条件的爱。出于某些原因，我对中国文化亦有深厚的兴趣，我是中国文化的一位有缘人。当看到卢雪女士的艺术剪纸作品时，我不但对她作品题材的多样丰富、构图的美丽精巧和技法的精湛纯熟感到惊奇，而且还找到了一种久违的感觉，一种我一直在寻觅和追求的感觉——古典的平和与宁静。

在当今快速发展的地球上，拥有平静的生活方式和表达方式是人类要努力追求和践行的大境界。卢雪女士的作品是智慧与爱心的结晶。通过学习、欣赏她的剪纸艺术，你可以产生并拥有对自己、对所有人无条件的爱的感觉。

她的书中所精选出来的成语故事、寓言和典故等，都蕴含了伟大的人生智慧与生活哲理。这些东方智慧与哲理是永远也不会过时的，它们对活在当下现实生活中的人们仍有深刻的启发。卢雪女士运用精湛的剪纸艺术来诠释古老的智慧和哲理，并以此指导人们活在当下，不愧为一大创举！

当我看到这套丛书时，发现它的能量竟如此之高，因为它并

非来自历史堆积起来的那些虚假的信念。虚假的信念只会把人们带到过去或未来，令人们生活在头脑里的幻象之中，而这些故事中所蕴含的人生道理都是可以把人们带回当下的——当下时刻的实相才是生活中唯一真实的存在。

我真的很感激她对整个人类文化的巨大贡献！

2014年9月16日

（彼尚·安裘密：世界著名的身心灵导师、演讲家、作家、世界和平的倡导者，一位让生命有所不同的人。）

目录

剪纸艺术，是心灵的升华，也是美好的经历。
创作时把自己融入到每一个故事中，
所有的故事都活灵活现，
故事中的花草树木也都绽放生命的色彩。
于是，我的心灵深处，
所有的剪纸元素都是真实存在的。
一幅幅剪纸展现在眼前，感人至深。

纪昌学箭

1. 甘蝇是古代的神箭手，他只要一抬手射箭，不是射下一只鸟来，就是射倒一头野兽，简直是箭无虚发。他有个弟子，名叫飞卫，射箭的本领比他还要高超。

2. 于是，纪昌就来找飞卫，想拜他为师，学习射箭的本领。飞卫说：“你要先练会不眨眼睛，练会了之后才能说学习射箭的事情。”

瞧他那咬牙切齿、直眉瞪眼的样子，不知道的还以为他和谁有仇呢。剪纸艺术用咬牙切齿、双拳紧握这样夸张的生动刻画，充分展示了纪昌那巨大的决心、强大的内心。

3

3. 于是，纪昌天天趴在织布机的下面练习不眨眼睛。三年之后，即使一把锥子的尖儿快要碰到他的眼角儿了，他也不会眨一下眼睛。纪昌对飞卫说：“现在该教我射箭了吧？”飞卫说：“还不成，你得再学会看才行。”

4. 纪昌听了后，回家用牛尾毛吊了一只虱子。三年后，虱子在他眼里有车轮那么大了。于是，他拉起弓箭，箭头嗖的一下从虱子的中心射穿了过去，而吊虱子的那根牛尾毛还好好地悬在那里。

出处

战国·列御寇《列子·汤问》：甘蝇，古之善射者，彀[①]弓而兽伏鸟下。弟子名飞卫，学射于甘蝇，而巧过其师。纪昌者，又学射于飞卫。飞卫曰："尔先学不瞬，而后可言射矣。"纪昌归，偃[②]卧其妻之机下，以目承牵挺[③]。三年后，虽锥末[④]倒眦[⑤]，而不瞬也。以告飞卫。飞卫曰："未也，必学视而后可。视小如大，视微如著，而后告我。"昌以氂[⑥]悬虱于牖[⑦]，南面而望之。旬日之间，浸大也；三年之后，如车轮焉。以睹余物，皆丘山也。乃以燕角之弧[⑧]、朔蓬之簳[⑨]射之，贯虱之心，而悬不绝。以告飞卫。飞卫高蹈拊膺曰："汝得之矣！"

释义

① 彀（gòu）：弯弓如满月。

② 偃（yǎn）：仰卧。

③ 牵挺（qiān tǐng）：古时候织布机的踏板。

④ 锥末（zhuī mò）：锥子的尖儿。

⑤ 眦（zì）：眼角。

⑥ 氂（máo）：同"牦"，牦牛。

⑦ 牖（yǒu）：窗户。

⑧ 燕角之弧（hú）：用燕国的牛角制作的弓，意指纪昌用的这张弓非常好。

⑨ 朔（shuò）蓬之簳（gǎn）：○朔：指的是楚国。○蓬：蓬草，做箭杆儿的上好材料。○簳：箭杆儿。"朔蓬之簳"意为：用楚国蓬草做的箭杆儿，意指纪昌用的箭也是好箭。

启示："纪昌学箭"告诉我们，学习任何东西都是不容易的。若要取得成果，需要付出艰辛和努力，并且要持之以恒。只有不断地努力，克服各种困难，才能实现自己的目标和理想。

贾岛推敲

1. 贾岛是中唐时期著名的诗人，他经常琢磨诗中的某个字或者某一句用得是否恰当。

驴子黑着脸，留白的五官布满了愤怒，原本神气的耳朵也被气牵拉了。剪纸艺术阴剪的驴子一脸愤怒，对比贾岛的陶醉之情，喜怒阴阳间，生动地刻画了大诗人贾岛独树一帜的性格特点。

2. 有一次，他骑驴走在路上，忽然想起两句诗："鸟宿池边树，僧敲月下门。"他骑在驴上思考该用"推"字还是"敲"字，不知不觉地走过了半条街。

3. 他正巧碰上韩愈的仪仗队。韩愈也是中唐诗人，名气比贾岛还大。贾岛正想得入神，不知不觉就骑着驴冲撞进了韩愈的仪仗队。

4. 韩愈的手下立马将贾岛拿下，并把他推到韩愈的跟前，让韩愈亲自审理他。于是，贾岛就把刚才的事情对韩愈说了。

5. 韩愈琢磨了很久，对贾岛说：“还是‘敲’字好。”于是，两人一块回到了韩愈的家，在一起谈诗论文。从此之后，韩愈和贾岛就成了好朋友。

出处

后蜀·何光远《鉴戒录·贾忤旨》：［贾］岛初赴举京师，一日于驴上得句云："鸟宿池边树，僧敲月下门。"始欲著"推"字，或欲著"敲"字，炼[①]之未定，于驴上吟哦，时时引手作"推""敲"之势，观者讶之。时韩退之权京兆尹，车骑方出，岛不觉冲至第三节，尚为手势未已。俄为左右拥至尹前，岛具对所得诗句，"推"字与"敲"字未定，神游象外，不知回避。退之立马良久，谓岛曰："'敲'字佳。"遂并辔而归，共论诗道，留连累日[②]，因与岛为布衣之交[③]。

释义

① 炼（liàn）：本义是提炼，在写文章的时候，反复比较几个字，从中选出最恰当的那个字，被称为炼字。

② 累（lěi）日：○累：本义是绳索，后来延伸出重叠、连续成串的意思。"累日"意为：一连好多天。

③ 布衣之交：○布衣：老百姓。在古代，一般老百姓穿不起锦绣的衣服，所以就称老百姓为布衣。"布衣之交"既可以指普通人之间的交往，有时也指达官显贵与平民之间的交往，这里指后者。

启示：这个故事告诉我们，做事情一定要严谨，反复琢磨，才能达到最好的效果。认真和严谨既是我们做事情的态度，也是我们应该推崇的一种精神。

"贾岛推敲"现在常用来形容写文章或者做事时反复琢磨、反复斟酌的认真态度。

孙康映雪

1. 孙康是一个喜欢读书的人，不过家里并不富裕。所以，他白天都要在富人家里做工，通过劳动来养活自己。

2. 在休息的时候，能静下心来读书，对他来讲，是非常快乐的事情。可每当天黑就不行了，因为他家里穷，点不起灯，所以太阳落山后，他就没办法看书了。

阳剪的积雪软绵绵地盖在地上，洁白无瑕；阴剪的大树坚实地托着积雪，挺拔有力。剪纸艺术这种阴阳对比的景观刻画，令画面层次分明，即使是黑夜，也让人眼前一亮。

3. 有一年冬天，下了一场大雪。在明亮的月光下，孙康发现，在雪地里也能看清书上的字，孙康非常高兴。

4. 以后，每遇到下雪，孙康都不顾严寒，坐在雪地里读书。时间长了，他的手脚都长满了冻疮。但是，他通过这种方法读了很多的书，学到了很多知识。

出处

唐·欧阳询《艺文类聚》：孙康家贫，常映雪读书，清介①，交游②不杂。

释义

① 清介：清正耿直。
② 交游：结交朋友。

启示：孙康凭借着自己强大的毅力，终于学有所成，最后官拜御史大夫。我们今天学习这个故事，是学习这种刻苦的精神，学习这种持之以恒的毅力。每个人只要有这种刻苦的精神，就能够获得更多的知识，从而在今后学以致用。

我们现在常用“孙康映雪”来比喻读书非常刻苦。

凿壁偷光

1. 匡衡年轻的时候，家里条件不好，晚上想读书，连蜡烛都点不起。

放射形的阳线似一把把利剑，刺入我们的眼帘，这不仅是光的刻画，更是匡衡渴望读书、热爱生活的生动写照。

2

2. 匡衡的邻居家晚上经常点着蜡烛，屋里被照得亮堂堂的。于是，匡衡就在墙上打了一个小洞，借着从小洞里射出来的光读书。

3. 有一位姓文的大户人家，家里藏有许多书。于是，匡衡就请求替他做工，不要任何报酬，只希望文老先生能把家中的书借给他读。

4. 匡衡借着微弱的烛光和借来的书，最终学有所成，成为一位博学多识的人。

出处

西汉·刘歆《西京杂记》：匡衡字稚圭，勤学而无烛，邻舍有烛而不逮[①]，衡乃穿壁引其光，以书映光而读之。邑人大姓文不识，家富多书，衡乃与[②]其佣作[③]而不求偿[④]。主人怪问衡，衡曰："愿得主人书遍读之。"主人感叹，资给[⑤]以书，遂成大学[⑥]。

释义

① 不逮（dài）：○逮：及、到。"不逮"意指隔壁的光照不过来。

② 与：为。

③ 佣作（yōng zuò）：受雇为人工作。

④ 偿：本义是归还、赔偿，由此引申出"回报、报酬"的含义。

⑤ 资给（zī jǐ）：供给。

⑥ 大学：在这里指大学者、大学问家、有学问的人，与我们现在所指的学校含义不同。

启示：一个人的命运是掌握在自己手里的，有的人家境并不好，但他们通过自己的努力改变了现状；也有的人家境很好，但是却一无所成。路就在我们脚下，走哪条路，选择的权利在我们自己的手里，不同的路有不同的归宿。

现在，人们常用"凿壁偷光"来形容勤学苦读。

牛角挂书

1. 李密听说大学问家包恺在缑山，就想要去山上拜其为师。于是，他骑着牛，在牛角上挂了一卷《汉书》，一边走一边看。

轻描淡写的人物和风景，没有过多的修饰，剪纸艺术的简约之美跃然纸上。

2. 越国公杨素正好在路上看见李密边走边读书。他慢慢跟在李密后面，感叹地说：“哪里来的书生，这么勤奋刻苦？”

3. 李密一看是越国公杨素，赶紧从牛背上下来参拜。杨素问他读的什么书，他回答说："《项羽传》。"杨素和他聊了好久，特别欣赏他的远见多识。

4. 杨素回到家中，对儿子杨玄感说：“我感觉李密的见识和风度，不是你们能够相比的。”

出处

北宋·欧阳修等《新唐书·李密传》：密[①]以薄鞯[②]乘牛，挂《汉书》一帙[③]角上，行且读。越国公杨素适[④]见于道，按辔[⑤]蹑[⑥]其后，曰："何书生勤如此?"密识素，下拜。问所读，曰："《项羽传》。"因与语，奇之。归谓子玄感曰："吾观密识度[⑦]，非若等辈。"玄感遂倾心结纳[⑧]。大业九年，玄感举兵黎阳，遣人入关迎密。

释义

① 密：李密，字玄邃，京兆长安（今陕西西安）人，隋唐时期的群雄之一。隋末天下大乱时，李密成为瓦岗军首领，称魏公，率军屡败隋军，威震天下。

② 鞯（jiān）：衬托马鞍的垫子。

③ 帙（zhì）：书套，指书卷。

④ 适：恰逢，正赶上。

⑤ 按辔（pèi）：按捺住马鞍。

⑥ 蹑：追随。

⑦ 识度：见识和风度。

⑧ 结纳：结交。

启示：这个典故告诉我们，只有时刻不忘学习知识，提高自己，才能在未来更好地发挥自己的才能。只有知识丰富的人才能够被伯乐发现，有用武之处。

"牛角挂书"现在常用来比喻读书刻苦勤奋。

洛阳纸贵

1. 左思是齐国临淄人，小时候相貌不出众，而且做事不够勤奋，整天只知道玩耍。

2. 他的父亲左雍对朋友说："左思这个孩子不如我当年。"左思听了之后，受到刺激，就开始努力学习，立志要让人们对他刮目相看。

打理整齐的装束，以示决心的头巾，一脸严肃的表情，生动有趣地刻画出了左思发奋读书的雄心壮志。

3. 后来，他的妹妹被选入宫，他就跟着一起去了洛阳。其间，他收集资料，在家构思文章，用了十年的功夫，终于写成了以描写三国时期的都城为主题的《三都赋》。

4. 《三都赋》写完之后，他带着手稿去拜见当时非常有名的皇甫谧。皇甫谧帮他给《三都赋》写了一篇序，引起了大家的重视和传诵，于是竞相传抄，以至于洛阳纸价都上涨了。

出处

唐·房玄龄等《晋书·文苑·左思传》:“于是豪贵之家竞相传写①，洛阳为之纸贵。”

释义

① 竞相传写：晋朝时，印刷业不发达，如果有好文章，有些有钱的人就找人把它抄下来，以方便阅读。

启示：一个人聪明是非常重要的，比聪明更重要的是勤奋。即使再聪明的人，如果不肯用功，那也什么都做不成。

左思听了父亲的话之后，不但没有气馁，反而更加用功，终于完成了《三都赋》。之所以能使得洛阳纸贵，除了他小时候的用功读书之外，还在于他的持之以恒。如果我们能坚持努力地去做我们想做的事情，还有什么事情会做不成呢?

“洛阳纸贵”现在常用来形容著作广泛流行，风行一时。

一字千金

1. 战国末年，很多国家都喜欢搜罗本领高强的门客。当时秦国的势力最强，丞相吕不韦用高待遇来吸引门客，门客纷纷拥至。最鼎盛的时候，号称“门客三千”。

吕不韦虽然坐着和门客商量事情，但他的手不停地在腿上搓来搓去。正是因为剪纸艺术善于抓住细节，所以才能令画面更加富有情趣。

2

2. 当时还流行创立自己的学说，很多有名气的人，把自己的思想用文字呈现出来，到处流传。吕不韦看了也感到眼热，于是就让手下的门客们一起写书。

3. 吕不韦让所有的门客都把自己的所学写下来，集成出了一本书，书中融合了当时各家的学说。这在当时是一部了不起的巨著，因为是吕不韦发起的，故称《吕氏春秋》。

4. 书写完了，吕不韦在咸阳城门上张贴出了一张布告，布告的旁边悬挂了千两金。布告的内容是：不管什么人，只要能改动书上一个字，而且改得比原来的更好，这千金就归你了。

出处

西汉·司马迁《史记·吕不韦列传》：吕不韦乃使其客人人著所闻，集论以为八览、六论、十二纪，二十余万言。以为备天地万物古今之事，号曰吕氏春秋。布①咸阳市门，悬千金其上，延诸侯游士宾客有能增损一字者予千金。

释义

①布（bù）：公告、宣告。

启示：吕不韦当初是一个大商人，后来当了秦国的丞相。他当丞相三年，秦庄襄王就死了，庄襄王的儿子嬴政继位。嬴政继位的时候还是个孩子，整个朝政全部靠吕不韦打理。

从嬴政继位到他长大的这段时间里，秦国在吕不韦的治理下，一直非常稳定。吕不韦从一个成功的商人到一个成功的执政者，这与他从《吕氏春秋》中学到的知识是密不可分的。

无论吕不韦当初让人写书的目的是什么，《吕氏春秋》都是一部伟大的著作，它为我们了解古代文化，留下了许多珍贵的资料。

我们现在经常用“一字千金”来形容一个人文章写得好或者书法精妙。

熟能生巧

1. 陈尧咨箭射得很准，号称当世无双，他自己也很为这事得意。

2. 有一天，他正在自己家的园圃里射箭，大家都驻足观看，很佩服他。

3. 有一个卖油的老汉，放下担子在院子外面看。他看着陈尧咨射十支箭能中到八九支的样子，只是微微地点了点头，什么也没有说。

4. 陈尧咨就问这个卖油的老汉："难道我的箭术还算不上精湛吗?"老汉说："没什么了不起的，不过就是手熟而已。"

5. 陈尧咨听了很是生气，说：“你凭什么瞧不起我的箭术？”老汉不慌不忙地说：“就凭我多年打油的经验。”

剪纸艺术在画面上几笔力道十足的留白，让卖油翁倒出的油更显得明亮清晰。

6. 说完这话，老汉把一个葫芦放到了地下，在葫芦口处放上了一枚铜钱，然后舀起一瓢油，慢慢地从铜钱孔中浇下去。一瓢油浇完，铜钱上却连一个油星儿也没有。

7. 卖油的老汉说：“我也没什么了不起的，只是手熟而已。”

8. 陈尧咨见到这番情景，十分佩服卖油翁高超的倒油技术。他自己也明白了其中的道理。

出处

北宋·欧阳修《欧阳文忠公文集·归田录》：陈康肃公尧咨[①]善射，当世无双，公亦以此自矜[②]。尝射于家圃[③]，有卖油翁释担而立，睨[④]之，久而不去。见其发矢十中八九，但微颔[⑤]之。康肃问曰："汝亦知射乎？吾射不亦精乎？"翁曰："无他，但手熟尔。"康肃忿然曰："尔安敢轻吾射！"翁曰："以我酌[⑥]油知之。"乃取一葫芦置于地，以钱覆其口，徐以杓[⑦]酌油沥[⑧]之，自钱孔入，而钱不湿。因曰："我亦无他，唯手熟尔。"康肃笑而遣之。

释义

① 陈康肃公尧咨：尧咨是他的名，康肃是他死后的谥号。

② 自矜（jīn）：○矜：大。"自矜"意为：自大、自己觉得很了不起、自夸等。

③ 圃（pǔ）：本义是种植果木菜蔬的园地，周围往往没有围墙篱笆，这里指属于陈尧咨家的一大片空地。

④ 睨（nì）：斜视，这里指歪着头看。

⑤ 颔（hàn）：本义是下巴颏，这里指点头。

⑥ 酌（zhuó）：本义是斟酒，这里指把油往葫芦里慢慢倒。

⑦ 杓（sháo）：同"勺"。

⑧ 沥（lì）：指液体往下滴落。

启示：这个典故告诉我们，许多技巧是千百遍重复练习的结果。当生活中某一件事情我们做得不是很好的时候，那一定不是我们太笨，而是做得太少。像陈尧咨、卖油翁这样，一天天不间断地去做，自然会生出常人没有的本领。

"熟能生巧"现在常用来形容熟练了就能掌握技巧，运用自如，或找到窍门。

不求甚解

1. 陶渊明的住宅旁边有五棵柳树，因而他就以“五柳”作为自己的号了。

五柳先生朴素的着装与房间的华美形成了鲜明的对比。歪头侧目，对身边那些功名利禄视而不见，两条剑眉好似利剑，斩断那些扰人清梦的烦恼。剪纸艺术在阴阳交错间，巧妙地刻画出了一个不与世俗同流合污的五柳先生。

2. 五柳先生喜爱清闲安静的生活，不爱多说话，也不羡慕那些功名利禄。

3. 他很喜欢读书，但对所读的书又不执着于字句的解释。

4. 每当对书中的意义有一些体会的时候，他便高兴得忘了吃饭。

出处

东晋·陶潜《五柳先生传》：先生不知何许[①]人也，亦不详[②]其姓字。宅边有五柳树，因以为号焉[③]。闲静少言，不慕荣利。好读书，不求甚解[④]；每有会意[⑤]，便欣然忘食。

释义

① 何许：何处，哪里。

② 不详：不知道。

③ 因以为号焉：就以此为号。

④ 不求甚（shèn）解：○甚：深入，过分。“不求甚解”在这里指读书只求领会要旨，不在一字一句的解释上过分深究。

⑤ 会意：指对书中的内容有所领会。

启示：《五柳先生传》是晋代田园诗派创始人陶渊明的一篇自传。文中不但写了他读书不求甚解，还写了他爱喝酒，每次喝酒都要喝醉，家里空空荡荡的，破旧得连风和阳光都无法遮挡。粗布短衣上打了补丁，盛饭的碗和饮水的器具经常是空的，而他却能安然自得。

正是因为他这种不与世俗同流合污的品格，才使他描写出众人向往的世外桃源。但是谁又能知道，那远离喧嚣的世外桃源，其实就是自己最纯真的那块心田。

“不求甚解”原来指只领会全文大意，不在字句上过分追究，现在常用来指学习或研究不认真、不深入。

游刃有余

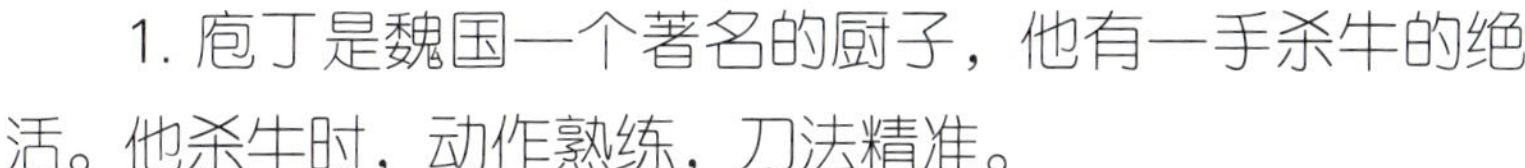

1. 庖丁是魏国一个著名的厨子，他有一手杀牛的绝活。他杀牛时，动作熟练，刀法精准。

2. 文惠君看了庖丁杀牛之后，感叹地说：“太了不起了，你杀牛的本领竟然到了出神入化的地步。”

3. 庖丁放下刀子，对文惠君说：“刚开始的时候，牛在我眼里都是一头一头的整牛。三年之后，就完全不一样了，牛的骨骼缝隙都仿佛就在我的眼前。”

4. “我现在杀牛都是用自己的心神去感知，不需要自己的眼睛看了。在牛骨之间的连接处游走，连筋腱紧密的地方都不去触碰。”

5. “对比起骨节之间的缝隙来，刀刃薄得就像是没有，不费工夫，一头牛该分开的地方全部分开了。这诀窍就是要顺着牛的骨骼结构来切割。”文惠君听了说：“了不起，今天听了你这番话，我忽然悟到了养生之道。”

出处

战国·庄周《庄子·养生主》：今臣之刀十九年矣，所解数千牛矣，而刀刃若新发于硎①。彼节者有间②，而刀刃者无厚；以无厚入有间，恢恢③乎其于游刃④必有余地矣。

释义

① 硎（xíng）：磨刀石。

② 间（jiàn）：缝，间隙。

③ 恢恢（huī huī）：宽广。

④ 游刃（yóu rèn）：运转的刀刃。

启示：在古人眼里，人们无论做什么事情，都应该尊重自然规律，无论是养生、杀牛还是耕作，都离不开属于它们的规律。对于这种规律，古人有一个称呼，那就是道。

现在，人们经常用“游刃有余”形容能力有余，可以毫不费力地把一件事情做好。

用爱心剪刻美好的中国梦

与卢雪大方家结识，虽不是很久远，但她精湛高超的剪纸技艺和充满诗情画意的艺术作品，深深地打动着我。然而，这并不是最重要的。

剪纸艺术很神奇，神奇的艺术承载的大爱之心、思想理念和文化内涵，是卢雪大方家的“大方”之所在。

因为欣赏，所以交流多一些。言谈之间，说起了当前的文化教育，于是探讨怎样站在前人巨人的肩膀上，到古老民族参天的文化大树上摘一点果实，给当今的孩子们品尝。很快，卢雪大方家就以剪纸作品为画面制作了一套“指尖上的中国系列丛书”。清样送过来，随手翻开一页，不禁被精妙的剪刻技艺所折服。一个个脍炙人口的成语故事、寓言、典故，用生动传神的剪纸画面表现出来，立刻就有了别样的神韵，不能不说这就是艺术的魅力。半册书翻下来，眼前浮现出动人的场景：天真烂漫的孩子们捧着图书，一边读着经典故事，一边用细细的手指沿着剪刀镂刻的线条研究这精妙的构思，艺术营养默默滋养着孩子们的心灵……

这是一套审美的书。审美既是形成道德价值观的基本途径，也是道德水平的具体体现。中国自古以来就形成了以

"六艺"（礼、乐、射、御、书、数）为主要内容的审美教育体系，文人志士常常以审美情趣的高低评判个人道德水准，诗文歌赋、花鸟虫鱼，甚至案几陈设，处处见出雅俗高下。文艺复兴以后的西方，审美教育被推崇到很高的地位，德国著名思想家席勒就指出，"道德状态只是从审美状态发展出来，而不能从自然状态发展出来"，"想使感性的人成为理性的人，除了首先使他成为审美的人以外，再没有别的途径"。可以说，一个人缺少物质尚可以通过勤劳改变境遇，要是缺乏审美能力，他的精神世界将始终贫瘠，再光鲜华丽的外观都难掩内在的低俗和空虚。

"指尖上的中国系列丛书"文字很少，把五分之三的空间留出来放剪纸画，给读者留下了很大的想象空间。小孩子们即使不认得字，也很容易看懂讲的是什么故事和道理；再大一点，就可以研究剪纸技巧，感受艺术载体的魅力，触动艺术审美的萌发。这样的书真正做到了潜移默化，润物无声，没有宣教和接受的障碍，定会赢得孩子们的喜爱。

这是一套文化传承的书，也是一套地道的民族文化教科书。中华民族历史悠久，文化博大精深，深奥神秘，但是文化的精髓从来不是高深的，相反应该是接地气的，通俗易懂的东西才是老百姓真正信奉的东西。在浅显的形式之上，呈现深奥的道理和学问，是教育和引导的高妙所在，这说起来容易，做起来是很难的。"指尖上的中国系列丛书"讲的中国成语故事、寓言和典故，均出自诸子百家经典论著和历朝历代史书、文集，这些故事传承千百年，为百姓所熟知；浅显直白的语言文字配以生动形象的剪纸画，更为百姓所喜闻乐见，老少咸宜。能够将博大精深的民族文化和智慧呈现得如此直观、有趣，让读者在潜移默化中接受、理解和传承中华民族的优秀文化，是这套丛书的一大亮点。

这是一套助力圆梦的书。“少年强则中国强”，中华民族的伟大复兴需要我们的青年一代去努力奋斗，美好的中国梦需要一代又一代中国人坚持不懈地去实现。然而，支撑和指引中国青少年前行的精神力量来自哪里呢？中华民族拥有历史悠久的精神财富和强大的传统理念，儒家的进取精神、道家的冷静理性，以及渗透在百姓中无处不在的道德自律，都是培养优秀人才，推动社会发展进步的清源沃土。我们需要做的，就是不断地把丰富多彩的精神财富挖掘、整理出来，以好的形式和途径呈现给我们的孩子，帮助他们明辨是非，近赤远墨，多汲取有益的营养，少接触低俗污垢，为早日实现中国梦培育和点燃希望。因此，这套书不光是给孩子们看的，年轻的父母也应该多翻一翻，用实际行动为孩子当好表率、做好引导。

这是一套凝结着、释放着爱心的书。从创意到成稿，卢雪大方家和我一起聊了好多次，其间也有过犹疑。比较巧的是，今年上半年山东省体育彩票管理中心在全省启动了“爱心校园”行动，我们给全省150所学校捐赠了体育器材和学习用品，并资助了一批贫困学子。孩子们拿到篮球、足球时的喜悦使我们感到欣慰，贫困家庭的孩子得到资助时流露出的感激却常常使我们百感交集。我们深深地感受到，物质上的资助容易做到，而精神上的帮助却做得太少，我们需要再做点什么。这一次，我们创作出版“指尖上的中国系列丛书”，就是想给孩子们送去一点精神方面的营养，用一个一个的传统故事帮助他们养成正确的人生观、价值观，帮助他们祛除困惑，战胜困难；用一幅一幅的剪纸画滋润他们的心田，培养他们健康的审美意识和道德自觉，使其今后能够成

为自信、自律、自省的优秀人才。我们相信，这就是作为，这就是担当，这一定是有意义的。

在社会各界的大力支持下，“指尖上的中国系列丛书”终于顺利出版。卢雪大方家为之倾注了大量心血，每一刀剪刻、染色、拼色、衬色、烧烫、勾描都一丝不苟，构思精巧，惟妙惟肖，充分展现了当代剪纸艺术大师的深厚功底。当然，由于经验和能力所限，本书在内容编选和设计编排方面还有很多不足，特别是在学术上难免会有失准之处。我们一向认为：贻笑大方是一家之耻，而误人子弟就是民族罪人了。因此，我们深感压力，诚惶诚恐！希望广大读者和学者朋友能够给我们多提宝贵意见和建议，让我们能够享受到文艺批评的净化和滋养，受得刀斧之痛，方能尽善尽美，从而为孩子们提供更好的精神食粮。

哲学家苏格拉底有言：教育不是灌输，是点燃。激发学习的激情，引导积极向上的理念和态度，是家长、教师的基本职责，也是每一个成年人对未成年人应尽的义务。愿我们共勉，共同担当，为下一代的健康成长多努力、多付出。

衷心感谢为“指尖上的中国系列丛书”创作出版给予大力支持的各位领导、专家学者和社会各界朋友！

山东省体育彩票管理中心　张云海

2014年11月11日

图书在版编目(CIP)数据

中国典故:全3册/卢雪著.—济南:济南出版社,2014.11

ISBN 978-7-5488-1366-8

Ⅰ.①中… Ⅱ.①卢… Ⅲ.①汉语—典故—青少年读物 Ⅳ.①H136.3-49

中国版本图书馆CIP数据核字(2014)第265538号

中国典故

丛书策划 张云海 郭 锐
责任编辑 丁洪玉
文字整理 陈 平
装帧设计 焦萍萍 王 楠
插图设计 蒋雪娇 王 斌 路晓帆 李 玲
出版发行 济南出版社
地 址 山东省济南市二环南路1号(250002)
电 话 0531-86131730 86131735
网 址 www.jnpub.com
经 销 各地新华书店
印 刷 山东省东营市新华印刷厂
版 次 2014年11月第1版
印 次 2014年11月第1次印刷
开 本 145mm×210mm 1/32
印 张 6.625
字 数 90千字
定 价 59.40元(全3册)

法律维权 0531-82600329
(济南版图书,如有印装错误,可随时调换)

指尖上的中国系列丛书

②

中国典故

卢 雪 著

济 南 出 版 社

卢雪和五大洲的孩子们

卢雪之歌

乔羽

是神話，还是童話？
夏天的樹，
春天的花，
秋天的果实，
冬天的洁白无瑕，
都在你的剪裁下
变成了一幅幅美丽的畫画
蓝眼睛的俊俏，
黑眼睛的潇洒，
古代人的智慧，
現代人的豁達，
你都妙手生春
让他们一个个神采焕發
卢雪呀，卢雪，
你用剪刀創造了艺术，
你的故事便是一首天真无邪的童話

（中国著名歌词作家乔羽先生为本书作者所创作的歌词）

序

【美国】彼尚·安裘密

我生于伊朗，长于美国。当第一次来到中国时，我就对这个国家和她的人民怀有深深的好感和无条件的爱。出于某些原因，我对中国文化亦有深厚的兴趣，我是中国文化的一位有缘人。当看到卢雪女士的艺术剪纸作品时，我不但对她作品题材的多样丰富、构图的美丽精巧和技法的精湛纯熟感到惊奇，而且还找到了一种久违的感觉，一种我一直在寻觅和追求的感觉——古典的平和与宁静。

在当今快速发展的地球上，拥有平静的生活方式和表达方式是人类要努力追求和践行的大境界。卢雪女士的作品是智慧与爱心的结晶。通过学习、欣赏她的剪纸艺术，你可以产生并拥有对自己、对所有人无条件的爱的感觉。

她的书中所精选出来的成语故事、寓言和典故等，都蕴含了伟大的人生智慧与生活哲理。这些东方智慧与哲理是永远也不会过时的，它们对活在当下现实生活中的人们仍有深刻的启发。卢雪女士运用精湛的剪纸艺术来诠释古老的智慧和哲理，并以此指导人们活在当下，不愧为一大创举！

当我看到这套丛书时，发现它的能量竟如此之高，因为它并

非来自历史堆积起来的那些虚假的信念。虚假的信念只会把人们带到过去或未来，令人们生活在头脑里的幻象之中，而这些故事中所蕴含的人生道理都是可以把人们带回当下的——当下时刻的实相才是生活中唯一真实的存在。

我真的很感激她对整个人类文化的巨大贡献！

2014年9月16日

（彼尚·安裘密：世界著名的身心灵导师、演讲家、作家、世界和平的倡导者，一位让生命有所不同的人。）

目录

生命的意义在于认真地体会生活的点点滴滴。
剪纸艺术就是利用剪纸的形式，
表现生命的奥秘和根本之所在，
也只有如此，才能体会到大自然和生活的美妙所在。
剪纸如同做人，
认认真真对待，仔仔细细揣摩，
这样的人生才精彩。

曾母投杼

1. 秦武王派甘茂联合魏国一起攻打韩国，甘茂担心有人在背后说闲话，但是不去又不行，于是他就给秦武王讲了下面这个故事。

轻描淡写的服饰描绘，细致入微的表情刻画。剪纸艺术在阴阳疏密间，突出了人物的性格特点。

2. 曾参在费县做事的时候，有一个杀人犯跟曾参重名。有人告诉曾参的母亲说：“你儿子杀人了。”曾母织着布，头也没抬，说：“我儿子不会杀人的。”

3. 过了一会儿，又有人告诉她曾参杀人了，老太太还是镇定自若。当第三个人来告诉她曾参杀了人的时候，老太太再也沉不住气了，把织布的梭子一扔，就跑了。

4. 甘茂讲完这个故事，秦武王听出了其中的意思，就跟他立盟为誓。后来，果然有人说甘茂的坏话，秦武王想起甘茂讲的这个故事，就没有相信他们的话。

出处

西汉·刘向《战国策·秦策二》：昔者，曾子处费[①]，费人有与曾子同名族者而杀人，人告曾子母曰："曾参杀人。"曾子之母曰："吾子不杀人。"织自若。有顷焉，人又曰："曾参杀人。"其母尚织自若也。顷之，一人又告之曰："曾参杀人。"其母惧，投杼[②]踰墙[③]而走[④]。

释义

① 处（chǔ）费：○处：本义是中止、停止，如果老停在一个地方，就变成在那儿居住和生活了，所以就延伸出居住、生活的含义。"处费"意为：待在费地做事。

② 杼（zhù）：织布机上的梭子。

③ 踰（yú）墙：○踰：同"逾"，越过、经过。"踰墙"意为：翻墙。

④ 走：跑。

启示：知子莫若母，曾母对曾参是完全了解、完全相信的，然而一而再、再而三地听到别人说曾参杀人，她也信以为真。这说明谎话多说几遍，也能使人相信，谣言传播开来，便会迷惑人心。

孟母三迁

1. 孟子小的时候，家住在墓地附近。孟子年龄小，不懂世事，只觉得出殡的仪式很好玩，于是，他也跟着学。

2. 孟子的母亲看到这番情景，说："这个地方不适合教育儿子。"于是，她就带着孟子，在一个集市附近安家了。

剪纸艺术把孩子大大的脑袋、矮矮的身材、夸张而搞怪的姿势刻画得生动而又活泼，表现出了孩童特有的顽皮的一面。

3. 搬到集市以后，孟子看到集市上的商人在卖东西的时候，连说带唱，很是有趣。于是，小孟子又学起了商人做买卖的样子。

4. 孟子的母亲看到自己的儿子又在学做买卖的样子，很是苦恼。她感觉这个地方也不适合安顿孟子，所以又搬家了。这一次，他们搬到了一个书院旁。

5. 搬到书院旁后，小孟子果然安稳了许多。小孟子以摆设祭祀用的礼器为乐趣，并且学习宾主相见的礼节以及其他各种礼仪。

面对用功读书的儿子，母亲一脸微笑，欣慰之情油然而生。可怜天下父母心，这是剪纸艺术想要告诉大家的。

6. 孟子的母亲看到此番情景，放心地说：“这个地方才适合我儿子居住、成长。”从此以后，孟子认真地学习，最终成为了圣贤。人们都说，孟子之所以能有如此高的成就，是和他的母亲善于感染教化密不可分的。

出处

西汉·刘向《列女传》卷一《母仪·邹孟轲母传》：邹孟轲之母也，号①孟母。其舍②近墓。孟子之少也，嬉游为墓间之事，踊跃筑埋③。孟母曰："此非吾所以居处④子也。"乃去，舍市⑤旁。其嬉戏为贾人炫卖⑥之事。孟母又曰："此非吾所以居处子也。"复徙⑦舍学宫之旁。其嬉游乃设俎豆，揖让进退⑧。孟母曰："真可以居吾子矣。"遂居之。及孟子长，学六艺，卒⑨成大儒之名。君子谓孟母善以渐化⑩。

释义

① 号（hào）：称号，这里指孟子的母亲被别人称为孟母。

② 舍（shè）：居住的房子。

③ 踊跃筑埋（yǒng yuè zhù mái）：玩起办理丧事的游戏。

④ 居处（chǔ）：安置，处置。

⑤ 市：集市。

⑥ 贾（gǔ）人炫（xuàn）卖：○贾：商人。○炫：炫耀，自夸。"贾人炫卖"意为：商人自夸自说地卖自己的商品。

⑦ 徙（xǐ）：迁移，搬家。

⑧ 设俎豆（zǔ dòu），揖（yī）让进退：○俎豆：俎和豆是古代祭祀、宴飨时盛食物用的两种礼器，亦泛指各种礼器。○揖让：古代宾主相见的礼节。○进退：前进后退，这里指进退朝堂的礼数。"设俎豆，揖让进退"意为：摆设祭祀用的礼器，学习宾主相见的礼节和各种礼仪。

⑨ 卒：最终。

⑩ 善以渐化：○渐化：感染教化。"善以渐化"意为：善于感染教化。

启示：这个典故告诉我们，孟子所取得的成就与他有一个睿智的母亲是分不开的。每个人的学习成就与环境有很大的关系，孟母明白这个道理，所以才会不断变换居住环境。人们教育孩子，找到一个好的环境是非常重要的。

人们现在常用"孟母三迁"来称颂贤母善于教子。

爱屋及乌

1. 商朝最后一个君王纣，是一个跋扈残暴的人，全国上上下下被他折磨得痛不欲生，百姓敢怒不敢言。

2. 后来，周武王整顿内政，扩充兵力，联合西方、南方的部落出兵伐纣。残暴的纣王被逼得走投无路，自焚而死，商朝就此灭亡。

3. 周武王刚打下商都朝歌的时候，为了使局面稳定下来，便与姜太公商议：“我该怎样对待他的子民呢？”

4. 姜太公说：“我听说爱屋可以及乌。如果一个人喜欢一座房子，即便是落在屋顶上的乌鸦，他都觉得很可爱。”

出处

西汉·刘向《说苑·贵法》:武王克殷[1]，召太公而问曰:“将奈其士众何?”太公对曰:“臣闻爱其人者，兼爱屋上之乌[2];憎其人者，恶其余胥[3]。咸刘厥敌[4]，使靡[5]有余，何如?”

释义

① 殷(yīn):殷商，指商朝。

② 乌:乌鸦。古人认为乌鸦是一种凶鸟，专门带给人凶信儿，所以谁见了，都会感到心里别扭、不舒服。

③ 余胥(xū):○胥:低级官吏、臣仆一类的人物。“余胥”是指对方手底下那些最末等的小人物。

④ 咸刘厥敌:○刘:本义是杀、杀戮。“咸刘厥敌”意为:把这些敌人都杀掉。

⑤ 靡(mǐ):无，没有。

启示:喜欢某个人，就连他家屋顶上的乌鸦也都喜爱，说明一个人对另一个人或另一件事情的关爱达到了一种相对盲目的程度。这个典故也从侧面告诉我们，做事情要尽量留有余地，才能更好地达到自己的预期效果。

“爱屋及乌”从古至今，都是指因为喜欢一件事情，从而对与这件事情相关的原本不喜欢的事情，也感到不那么讨厌了。

画龙点睛

1. 张僧繇（yóu）是南朝著名的画师。有一次，皇帝命令他在金陵安乐寺的墙壁上画四条龙。

2. 于是，张僧繇就在墙壁上画了四条龙，但是却都没有画眼睛。大家见了，便问他为什么。张僧繇说：“画上眼睛的话，它们就会飞走的。”

阴剪眼珠中的一笔留白，立刻唤醒了沉睡的巨龙，它舞动身躯，奋力地挣脱着墙壁的束缚，眼睛中不断闪现着炯亮的光芒。四两拨千斤，这正是剪纸艺术的巧妙所在。

3

3. 大家都表示不相信。张僧繇没有办法，只好给其中的两条龙点上了眼睛。

4. 瞬间电闪雷鸣，那两条龙真的飞走了，而没有画眼睛的龙还在墙壁上。

出处

唐·张彦远《历代名画记·张僧繇》：张僧繇于金陵[1]安乐寺画四龙于壁，不点睛。每[2]曰："点之即飞去。"人以为妄诞[3]，固请点之。须臾[4]，雷电破[5]壁，二龙乘云腾去上天，二龙未点眼者皆在。

释义

① 金陵（líng）：今江苏南京市。
② 每：常常，每每。
③ 诞（dàn）：虚妄，荒唐。
④ 须臾（xū yú）：一会儿。
⑤ 破：击。

启示："画龙点睛"是一个大家都耳熟能详的典故，在故事中，作者用夸张的手法，描绘出张僧繇高超的画工。

现在，我们常用"画龙点睛"比喻作文或讲话时，在关键处用一两句精彩的话点明要旨，使之更为精辟传神、生动有力。

高山流水

1. 伯牙是古代有名的音乐家。有一次，他正在弹琴，钟子期在旁边听着。

2. 伯牙弹着琴，表达出对泰山的向往之情。钟子期在旁边说：“这琴弹得好啊，巍峨挺拔如泰山一般。”

宽大的衣袍灵动飘逸，与高山流水的琴曲交相呼应，令人沉醉。这些都源自剪纸艺术流畅的阳剪线条刻画。

3. 伯牙心中想象着流水奔腾的景象，不自觉地就用琴声表现了出来。钟子期感慨地说道：“弹得好啊，奔腾的流水浩浩荡荡。”

4. 后来，钟子期死了，伯牙从此再也不弹琴了。他认为这世上再也没有一个人能听得懂自己弹的琴，也没有一个人值得自己为他弹琴了。

出处

战国·吕不韦《吕氏春秋·孝行览·本味》：伯牙鼓[①]琴，钟子期听之。方[②]鼓琴而志在太山[③]，钟子期曰："善哉乎鼓琴！巍巍乎若太山。"少选[④]之间而志在流水，钟子期曰："善哉乎鼓琴！汤汤[⑤]乎若流水。"钟子期死，伯牙破琴绝弦，终身不复鼓琴，以为世无足复为鼓琴者。

释义

① 鼓：弹奏。
② 方：正。
③ 太山：同"泰山"。
④ 少选（shǎo xuǎn）：一会儿。
⑤ 汤汤（shāng shāng）：大水浩浩荡荡的样子。

启示：能被人理解是一种幸福，所以在这个世界上，我们不但要努力寻找理解自己的人，也要学着去理解别人，能做别人的知音，也是非常了不起的。

我们现在经常用"高山流水"来比喻知音或知己，有时候也用它来形容乐曲的高妙。

管鲍之交

1. 管仲年轻的时候家庭条件不好，他有个好朋友叫鲍叔牙，管仲总占鲍叔牙的便宜，鲍叔牙从来不放在心上。

眉毛竖立，双眼怒睁，一脸威严。剪纸艺术通过生动的表情刻画，暗喻了公子小白辉煌的未来。

2. 后来，管仲做了齐国公子纠的师傅，而鲍叔牙呢，则做了公子小白的师傅。齐襄公死了之后，公子小白抢先回到了齐国，成为后来的齐桓公，是春秋时期最有成就的一位君主。

3. 公子小白做了国君之后，鲍叔牙向他极力推荐管仲。公子小白听取了鲍叔牙的建议，开始重用管仲。

4. 很快，公子小白在管仲的协助下，把齐国治理得井井有条，齐国得到了其他诸侯国的尊重，成了诸侯国的盟主。

5. 管仲取得的成就连孔子都赞叹不已。管仲取得这样的成就自然与鲍叔牙的帮助是分不开的。他说：“生我的人是我的父母，但是懂我的人是鲍叔牙。”

出处

西汉·司马迁《史记·管晏列传》：管仲曰："吾始困时，尝与鲍叔贾[①]，分财利多自与，鲍叔不以我为贪，知我贫也。吾尝为鲍叔谋事而更穷困，鲍叔不以我为愚，知时有利不利也。吾尝三仕三见逐于君，鲍叔不以我为不肖[②]，知我不遭[③]时也。吾尝三战三走，鲍叔不以我为怯，知我有老母也。公子纠败，召忽[④]死之，吾幽囚受辱，鲍叔不以我为无耻，知我不羞小节，而耻功名不显于天下也。生我者父母，知我者鲍子也。"

释义

① 贾（gǔ）：做生意，经商。

② 不肖：不贤，无能。

③ 遭：遇到。

④ 召忽：人名，当初与管仲都是公子纠的手下。

启示：每一个人都希望自己能有一个鲍叔牙这样的好朋友，我们今天形容双方关系密切就用这个典故。这也是双方比较了解，知人善用的一个例子。

"管鲍之交"现在常用来形容两个人非同一般的友谊。

毛遂自荐

1. 战国末年，秦国攻打赵国，赵国危在旦夕。赵王派平原君带二十个门客去楚国求救。可是平原君选来选去，只有十九个人合格。

2. 有个叫毛遂的人请求平原君带他一起去，但是平原君感觉他没有什么本事，并不打算带他一起前往楚国。

3. 毛遂告诉平原君，自己并不是没有本事，而是没有得到施展的机会。于是，平原君同意毛遂的请求，打算带他一起去。

4. 到了楚国，平原君与其他门客一上午都没有说服楚王同意合纵。最终，毛遂利用自己的聪明才智说服楚王同意合纵。赵国因此得救，毛遂也被平原君待为上宾。

出处

西汉·司马迁《史记·平原君虞卿列传》：平原君曰："先生处胜之门下几年于此矣?"毛遂曰："三年于此矣。"平原君曰："夫贤士之处世也，譬若[1]锥之处囊[2]中，其末立见。今先生处胜之门下三年于此矣，左右未有所称诵，胜未有所闻，是先生无所有也。先生不能，先生留。"毛遂曰："臣乃今日请处囊中耳。使遂蚤[3]得处囊中，乃颖脱而出，非特其末见而已。"平原君竟与毛遂偕。十九人相与目笑之而未发也。

释义

① 譬若（pì ruò）：比如，好像。
② 囊（náng）：口袋，布袋。
③ 蚤（zǎo）：同"早"。

启示：毛遂在平原君门下三年不露其锋芒，但是在关键时刻挺身而出，运用自己的聪明才智说服楚王同意合纵，从而挽救了赵国。这足以看出毛遂虽有本事却不事张扬的品性。

现在，人们经常用"毛遂自荐"来形容自告奋勇、主动承担某项工作的人。

长铗归来

1. 冯谖是齐国人，家境很贫穷，于是就托人找到孟尝君，表示愿意跟随他。孟尝君知道冯谖没有什么本事，但还是把他留了下来。

圆圆的大眼睛向上斜视，浓厚的眉毛慵懒地趴在眼皮上打盹，两撇俏皮的八字小胡，随着说话的口型上下翻飞。剪纸艺术将怀才不遇者的郁闷之情刻画得生动而幽默。

2. 孟尝君的随从看不起冯谖，所以给他的待遇也就很差。过了一段时间，冯谖靠在柱子上，弹着长剑，唱起了歌：“长剑啊，回去吧，没有鱼吃。”孟尝君的随从们知道了以后，就把这件事情告诉了孟尝君。孟尝君说：“给他鱼。”

3. 过了一段时间，冯谖又开始弹着剑唱歌：“长剑啊，回去吧，出门没有马车，太可怜了。”孟尝君的随从们听了之后都感到很可笑，就把这件事情又告诉了孟尝君。孟尝君说：“给他马车。”

4. 冯谖很是自得，可是过了不长时间，他又开始弹着宝剑唱歌了：“长剑啊，回去吧，我没有什么可以养活家人。”这下孟尝君的随从们彻底讨厌这个人了。

5. 孟尝君就把冯谖叫来问道："冯先生家里还有什么人吗?"冯谖答道："还有位老母亲。"孟尝君嘱咐左右的人要及时支付冯谖家用，别饿着他的老母亲。从那以后，冯谖才再也不唱了。

出处

西汉·刘向《战国策·齐策四》：齐人有冯谖者，贫乏不能自存，使人属孟尝君，愿寄食门下。孟尝君曰：“客何好?”曰：“客无好也。”曰：“客何能?”曰：“客无能也。”孟尝君笑而受之曰：“诺。”左右以君贱之也，食以草具。居有顷，倚柱弹其剑，歌曰：“长铗①归来乎！食无鱼。”左右以告。孟尝君曰：“食之，比门下之客。”居有顷，复弹其铗，歌曰：“长铗归来乎！出无车。”左右皆笑之，以告。孟尝君曰：“为之驾，比门下之车客。”于是，乘其车，揭其剑，过其友曰：“孟尝君客我②。”后有顷，复弹其剑铗，歌曰：“长铗归来乎！无以为家。”左右皆恶之，以为贪而不知足。孟尝君问：“冯公有亲乎?”对曰：“有老母。”孟尝君使人给其食用，无使乏。于是冯谖不复歌。

释义

① 铗（jiá）：剑鞘，也可以代指剑。

② 客我：以我为门客，这是冯谖跟朋友吹牛的话，其实他是托人求着去做孟尝君的门客的。

启示：看了这个故事之后，许多人可能会觉得冯谖这个人真可恶，明明没有什么本事，却又贪得无厌，没鱼吃的时候想吃鱼，有了鱼吃想乘车，有了车坐，还得让人替自己养活老母亲，太不像话了。不过看了下文以后，就会发现，冯谖其实是一个有真本事的人，他有的是大本事，长远目光。多亏了他，孟尝君以后才会免于危难。所以，只会弹剑作歌是不成的，关键还是要有真本事。

现在，我们经常用“长铗归来”来比喻因怀才不遇而思归。

卧薪尝胆

1. 春秋时期，吴越两国历代都是宿敌。吴王夫差继位之后，一直准备替父亲报仇。越王勾践听说之后，准备先发制人，打夫差一个措手不及。

2. 勾践不听范蠡的劝谏，向吴国发动战争，结果大败。勾践为了求和，无奈做了夫差的奴隶。

3. 勾践在吴国做奴隶，吃尽了苦头，受尽了凌辱。夫差生病了，勾践还曾尝过他的粪便。就这样过了几年，夫差对勾践失去了警惕，并把他放回了越国。

密密麻麻的柴草利用阳剪技法细刻后，多而不乱，层次分明。剪纸艺术对细节的用心刻画，提升了画面的立体感，令人难忘。

4. 回到越国的勾践为了不忘掉过去的耻辱，不让舒服的生活磨掉自己的锐气，每次吃饭之前，都要尝一下苦胆，并且还睡在用柴草铺成的地面上。

5. 勾践精心治国，越国终于又强大起来。三年后，勾践终于打败了夫差。夫差要求勾践放自己一马。勾践接受了自己的教训，没有给他这个机会，夫差只好自杀了。

出处

西汉·司马迁《史记·越王勾践世家》：吴既赦[1]越，越王句[2]践反[3]国，乃苦身焦思，置胆于坐，坐卧即仰胆，饮食亦尝胆也。曰："女[4]忘会稽之耻邪?"身自耕作，夫人自织，食不加肉，衣不重采[5]，折节下贤人，厚遇宾客，振贫吊死，与百姓同其劳。

释义

①赦（shè）：赦免。

②句（gōu）：同"勾"。

③反：同"返"，返回。

④女（rǔ）：同"汝"，你。

⑤衣不重（chóng）采：○重：再，重复。○采：同"彩"。"衣不重采"意为：老穿单色的衣服，不注重衣服的美观。

启示：这个典故告诉我们，任何事情的成功都不是偶然的，都需要我们付出艰辛的努力，不断提醒自己过去犯下的错误。只有发愤图强，吸取教训，才会有成功的可能。

现在，人们经常用"卧薪尝胆"来形容那些经历过失败的人，刻苦努力，奋发图强。

田忌赛马

1. 齐国的贵族们喜欢玩赛马的游戏，大家各自从自己家中选出几匹好马来比赛，胜者会得到很丰厚的赌金。

高大的马儿低头侧面，微闭双眼，身上的鬃毛温顺地躺着，安静温柔。昔日威猛飞驰的骏马在剪纸艺术神形兼备的刻画下，变得如此乖巧可人，仿佛阳光，温暖你我。

2. 齐国大将田忌与齐威王赌赛马，几乎是每次都输。田忌虽然有钱，但老输也觉得很郁闷。

3. 孙膑经过观察，发现田忌的马跟齐威王的马差距并不大，他最好的马与齐威王最好的马比虽然有那么一点差距，却比齐威王第二等的马要好很多。于是，他就对田忌说：“我有办法能让你赢。”

4. 田忌听了之后，就去跟齐威王约定赛马的日期。齐威王还陶醉在之前的胜利中，便爽快地答应了，并拿出了千两黄金作为赌注。

5. 比赛的日期到了，孙膑告诉田忌：“你先用自己最差的那组马跟齐威王最好的一组马比赛。”第一局，田忌输了。

6. 接着进行第二场比赛，孙膑让田忌用自己最好的马跟齐威王中等的那组马比，这一局田忌果然获胜了。

7. 最后，孙膑让田忌用自己中等的那组马对抗齐威王下等的那组马，这一局田忌当然也赢了。比赛结束了，田忌二比一获胜，终于赢了齐威王一次，赢得了齐威王的千金赌注。

出处

西汉·司马迁《史记·孙子吴起列传》：忌数与齐诸公子驰逐重射。孙子见其马足不甚相远，马有上、中、下辈。于是孙子谓田忌曰："君弟重射，臣能令君胜。"田忌信然之，与王及诸公子逐射千金。及临质①，孙子曰："今以君之下驷②与彼上驷，取君上驷与彼中驷，取君中驷与彼下驷。"既驰三辈③毕，而田忌一不胜而再胜，卒得王千金。

释义

① 临质（lín zhì）：临场比赛。

② 驷（sì）：古代马车的标准配置是四匹马拉一辆车，所以"驷"有时候用来指马车、马、四匹马、量词"四"，在这里指马。

③ 辈：队、组。

启示：在这个典故中，有一个关键性的人物，那就是孙膑。他是战国时期著名的军事家，一位非常了不起的人，据说是春秋时期最有名的军事家孙武的后人。

通过这个故事，我们学习到的就是，做事不要太过死板、固守成规，要善于观察，学会变通，学会统筹规划，学会用智慧解决问题。

用爱心剪刻美好的中国梦

与卢雪大方家结识，虽不是很久远，但她精湛高超的剪纸技艺和充满诗情画意的艺术作品，深深地打动着我。然而，这并不是最重要的。

剪纸艺术很神奇，神奇的艺术承载的大爱之心、思想理念和文化内涵，是卢雪大方家的“大方”之所在。

因为欣赏，所以交流多一些。言谈之间，说起了当前的文化教育，于是探讨怎样站在前人巨人的肩膀上，到古老民族参天的文化大树上摘一点果实，给当今的孩子们品尝。很快，卢雪大方家就以剪纸作品为画面制作了一套“指尖上的中国系列丛书”。清样送过来，随手翻开一页，不禁被精妙的剪刻技艺所折服。一个个脍炙人口的成语故事、寓言、典故，用生动传神的剪纸画面表现出来，立刻就有了别样的神韵，不能不说这就是艺术的魅力。半册书翻下来，眼前浮现出动人的场景：天真烂漫的孩子们捧着图书，一边读着经典故事，一边用细细的手指沿着剪刀镂刻的线条研究这精妙的构思，艺术营养默默滋养着孩子们的心灵……

这是一套审美的书。审美既是形成道德价值观的基本途径，也是道德水平的具体体现。中国自古以来就形成了以

“六艺”（礼、乐、射、御、书、数）为主要内容的审美教育体系，文人志士常常以审美情趣的高低评判个人道德水准，诗文歌赋、花鸟虫鱼，甚至案几陈设，处处见出雅俗高下。文艺复兴以后的西方，审美教育被推崇到很高的地位，德国著名思想家席勒就指出，“道德状态只是从审美状态发展出来，而不能从自然状态发展出来”，“想使感性的人成为理性的人，除了首先使他成为审美的人以外，再没有别的途径”。可以说，一个人缺少物质尚可以通过勤劳改变境遇，要是缺乏审美能力，他的精神世界将始终贫瘠，再光鲜华丽的外观都难掩内在的低俗和空虚。

“指尖上的中国系列丛书”文字很少，把五分之三的空间留出来放剪纸画，给读者留下了很大的想象空间。小孩子们即使不认得字，也很容易看懂讲的是什么故事和道理；再大一点，就可以研究剪纸技巧，感受艺术载体的魅力，触动艺术审美的萌发。这样的书真正做到了潜移默化，润物无声，没有宣教和接受的障碍，定会赢得孩子们的喜爱。

这是一套文化传承的书，也是一套地道的民族文化教科书。中华民族历史悠久，文化博大精深，深奥神秘，但是文化的精髓从来不是高深的，相反应该是接地气的，通俗易懂的东西才是老百姓真正信奉的东西。在浅显的形式之上，呈现深奥的道理和学问，是教育和引导的高妙所在，这说起来容易，做起来是很难的。“指尖上的中国系列丛书”讲的中国成语故事、寓言和典故，均出自诸子百家经典论著和历朝历代史书、文集，这些故事传承千百年，为百姓所熟知；浅显直白的语言文字配以生动形象的剪纸画，更为百姓所喜闻乐见，老少咸宜。能够将博大精深的民族文化和智慧呈现得如此直观、有趣，让读者在潜移默化中接受、理解和传承中华民族的优秀文化，是这套丛书的一大亮点。

这是一套助力圆梦的书。“少年强则中国强”，中华民族的伟大复兴需要我们的青年一代去努力奋斗，美好的中国梦需要一代又一代中国人坚持不懈地去实现。然而，支撑和指引中国青少年前行的精神力量来自哪里呢？中华民族拥有历史悠久的精神财富和强大的传统理念，儒家的进取精神、道家的冷静理性，以及渗透在百姓中无处不在的道德自律，都是培养优秀人才，推动社会发展进步的清源沃土。我们需要做的，就是不断地把丰富多彩的精神财富挖掘、整理出来，以好的形式和途径呈现给我们的孩子，帮助他们明辨是非，近赤远墨，多汲取有益的营养，少接触低俗污垢，为早日实现中国梦培育和点燃希望。因此，这套书不光是给孩子们看的，年轻的父母也应该多翻一翻，用实际行动为孩子当好表率、做好引导。

这是一套凝结着、释放着爱心的书。从创意到成稿，卢雪大方家和我一起聊了好多次，其间也有过犹疑。比较巧的是，今年上半年山东省体育彩票管理中心在全省启动了“爱心校园”行动，我们给全省150所学校捐赠了体育器材和学习用品，并资助了一批贫困学子。孩子们拿到篮球、足球时的喜悦使我们感到欣慰，贫困家庭的孩子得到资助时流露出的感激却常常使我们百感交集。我们深深地感受到，物质上的资助容易做到，而精神上的帮助却做得太少，我们需要再做点什么。这一次，我们创作出版“指尖上的中国系列丛书”，就是想给孩子们送去一点精神方面的营养，用一个一个的传统故事帮助他们养成正确的人生观、价值观，帮助他们祛除困惑，战胜困难；用一幅一幅的剪纸画滋润他们的心田，培养他们健康的审美意识和道德自觉，使其今后能够成

为自信、自律、自省的优秀人才。我们相信，这就是作为，这就是担当，这一定是有意义的。

在社会各界的大力支持下，“指尖上的中国系列丛书”终于顺利出版。卢雪大方家为之倾注了大量心血，每一刀剪刻、染色、拼色、衬色、烧烫、勾描都一丝不苟，构思精巧，惟妙惟肖，充分展现了当代剪纸艺术大师的深厚功底。当然，由于经验和能力所限，本书在内容编选和设计编排方面还有很多不足，特别是在学术上难免会有失准之处。我们一向认为：贻笑大方是一家之耻，而误人子弟就是民族罪人了。因此，我们深感压力，诚惶诚恐！希望广大读者和学者朋友能够给我们多提宝贵意见和建议，让我们能够享受到文艺批评的净化和滋养，受得刀斧之痛，方能尽善尽美，从而为孩子们提供更好的精神食粮。

哲学家苏格拉底有言：教育不是灌输，是点燃。激发学习的激情，引导积极向上的理念和态度，是家长、教师的基本职责，也是每一个成年人对未成年人应尽的义务。愿我们共勉，共同担当，为下一代的健康成长多努力、多付出。

衷心感谢为“指尖上的中国系列丛书”创作出版给予大力支持的各位领导、专家学者和社会各界朋友！

山东省体育彩票管理中心　张云海

2014年11月11日

图书在版编目(CIP)数据

中国典故:全3册/卢雪著.—济南:济南出版社,2014.11

ISBN 978-7-5488-1366-8

Ⅰ.①中… Ⅱ.①卢… Ⅲ.①汉语—典故—青少年读物 Ⅳ.①H136.3-49

中国版本图书馆CIP数据核字(2014)第265538号

中国典故

丛书策划 张云海 郭 锐
责任编辑 丁洪玉
文字整理 陈 平
装帧设计 焦萍萍 王 楠
插图设计 蒋雪娇 王 斌 路晓帆 李 玲
出版发行 济南出版社
地 址 山东省济南市二环南路1号(250002)
电 话 0531-86131730 86131735
网 址 www.jnpub.com
经 销 各地新华书店
印 刷 山东省东营市新华印刷厂
版 次 2014年11月第1版
印 次 2014年11月第1次印刷
开 本 145mm×210mm 1/32
印 张 6.625
字 数 90千字
定 价 59.40元(全3册)

指尖上的中国系列丛书

③

中国典故

卢 雪 著

济 南 出 版 社

卢雪和五大洲的孩子们

卢雪之歌

乔羽

是神話，还是童話？
夏天的樹，
春天的花，
秋天的果实，
冬天的洁白无瑕，
都在你的剪裁下
变成了一幅幅美丽的畫画
蓝眼睛的俊俏，
黑眼睛的潇洒，
古代人的智慧，
現代人的豁達，
你都妙手生春
让他们一个个神采焕發
卢雪呀，卢雪，
你用剪刀創造了艺术，
你的故事便是一首天真无邪的童話

（中国著名歌词作家乔羽先生为本书作者所创作的歌词）

序

【美国】彼尚·安裘密

我生于伊朗，长于美国。当第一次来到中国时，我就对这个国家和她的人民怀有深深的好感和无条件的爱。出于某些原因，我对中国文化亦有深厚的兴趣，我是中国文化的一位有缘人。当看到卢雪女士的艺术剪纸作品时，我不但对她作品题材的多样丰富、构图的美丽精巧和技法的精湛纯熟感到惊奇，而且还找到了一种久违的感觉，一种我一直在寻觅和追求的感觉——古典的平和与宁静。

在当今快速发展的地球上，拥有平静的生活方式和表达方式是人类要努力追求和践行的大境界。卢雪女士的作品是智慧与爱心的结晶。通过学习、欣赏她的剪纸艺术，你可以产生并拥有对自己、对所有人无条件的爱的感觉。

她的书中所精选出来的成语故事、寓言和典故等，都蕴含了伟大的人生智慧与生活哲理。这些东方智慧与哲理是永远也不会过时的，它们对活在当下现实生活中的人们仍有深刻的启发。卢雪女士运用精湛的剪纸艺术来诠释古老的智慧和哲理，并以此指导人们活在当下，不愧为一大创举！

当我看到这套丛书时，发现它的能量竟如此之高，因为它并

非来自历史堆积起来的那些虚假的信念。虚假的信念只会把人们带到过去或未来，令人们生活在头脑里的幻象之中，而这些故事中所蕴含的人生道理都是可以把人们带回当下的——当下时刻的实相才是生活中唯一真实的存在。

我真的很感激她对整个人类文化的巨大贡献！

2014年9月16日

（彼尚·安裘密：世界著名的身心灵导师、演讲家、作家、世界和平的倡导者，一位让生命有所不同的人。）

目录

剪纸符号基本分圆、尖、方、缺、线五种，
这五种元素派生出
月牙形、柳叶形、豆子形、花瓣形、水滴形等各种“笔画”符号。
所有剪纸都是由这些符号组合而成的。
这些符号能组成一个个生动的画面，
这就是剪纸的艺术。

朝三暮四

1. 一个养猴人养了很多猴子。

2. 由于猴子太多，养猴人感到压力很大，希望减少一点猴子的食物。

3. 于是，他去跟猴子们商量：“从今天开始，咱们的食物改为早上三颗橡子，晚上四颗橡子，怎么样？”

4. 猴子们一听，非常生气，扯着他的衣服，拉着他的袖子，吵闹不休。

5. 养猴人一看这个架势，赶忙改口说：“好了，好了，咱们改为早上四颗橡子，晚上三颗橡子，这样你们总该满意了吧?”

6. 猴子们听了，都非常高兴，围着养猴人又蹦又跳。

出处

战国·庄周《庄子·齐物论》：狙公[1]赋芧[2]，曰："朝三而暮四。"众狙皆怒。曰："然则朝四而暮三。"众狙皆悦。名实未亏而喜怒为用，亦因是也。

释义

① 狙（jū）公：○狙：一种猴子。"狙公"意为：养猴人。
② 芧（xù）：原义是橡树，这里指橡子。

启示：庄子向人们讲这个故事，目的是要告诉大家，有些事物之间的分别并没有多大，我们努力追求的，在当时觉得非做不可的事情，实际上在很多时候并没有那么重要。

现在，人们常用"朝三暮四"来形容一个人没有恒心，经常变卦。

对牛弹琴

1. 公明仪是古代有名的音乐家，他所弹奏的《清角之操》是那个时代的名曲。

2. 有一天，他在郊外看到一头正在吃草的老牛。公明仪感觉这头老牛颇有几分灵性，于是就对着它弹起了《清角之操》。

3. 公明仪非常认真地对老牛弹奏着，自己陶醉在琴声中。可是，老牛继续低头吃草，一点反应也没有。

争奇斗艳的花丛，悠然自得的老牛，雕镂精致的凉亭。这些阴阳剪法结合的美好景物与公明仪的满面愁容形成了鲜明的对比，剪纸艺术正是用这种强烈的对比来体现对牛弹琴的尴尬。

4. 公明仪感到很困惑，无奈之下只好用琴模仿起了蚊虻“嗡嗡”的叫声和小牛犊寻找母亲时发出的“哞哞”叫声。老牛竟一边摔打着尾巴，一边竖起了耳朵。

出处

东汉·牟融《理惑论》：公明仪为牛弹清角之操[1]，伏食如故。非牛不闻，不合其耳矣。转为蚊虻之声，孤犊之鸣，即掉[2]尾奋[3]耳，蹀躞[4]而听。

释义

①清角之操：古曲，是当时一种非常高雅的乐曲。

②掉（diào）：摇摆、摔打。

③奋（fèn）：竖起。

④蹀躞（dié xiè）：原义是指小步走路的样子，在这里是指老牛听了公明仪的弹奏之后，产生了共鸣，一边竖着耳朵听，一边摇摆着尾巴，在原地踏着碎步的那种自得其乐的样子。

启示：公明仪对牛弹琴，而牛听不懂高雅的音乐，没有办法产生共鸣。这个典故告诉我们，说话、做事不看对象是不可取的，不能给外行人讲内行话。

现在，人们经常用“对牛弹琴”来形容谈话不分对象，或者是嘲讽对方水平太低，听不懂自己的话。

一人得道，鸡犬升天

1. 淮南王刘安喜欢研究长生不老的法术。传说有八个了不起的能人，号称“八公”，来拜访他，结果被守门人拒之门外。守门人说：“淮南王喜欢的是神仙，又岂会见你们这些老者呢？”

2. 这八位老者一抖擞身子，立马变成了八个小孩。守门人被吓坏了，慌忙往里通报。刘安赶紧出来鞠躬行礼，倒退着身子，将八位仙人请入王府里。

3. 进到府里，刘安就请教这八位仙人的姓名。他们说：“文五常、武七德、枝百英、寿千龄、叶万椿、鸣九皋、修三田、岑一峰，能呼风唤雨，震动雷电，倾天骇地，回日驻流，无所不能。”刘安高兴极了，天天供养着这八位仙人。

4. 刘安手下有一个小吏，叫伍被，因为犯了罪，害怕刘安砍他的头，便向汉武帝诬陷刘安。于是，八公打算带刘安一起上天做神仙。

5. 跟随刘安同时升天的一共有三百多人，就连他家里的鸡和狗，因为舔了那些盛药的锅碗瓢盆，也都变成了神仙，跟着一起飞上了天。

出处

东晋·葛洪《神仙传·淮南王》：八公谓王曰："伍被①人臣，而诬其主②，天必诛之，王可去③矣。此亦天遣④王耳，君无此事，日复一日，人间岂可舍⑤哉?"乃取鼎煮药⑥，使王服之，骨肉近三百余人，同日升天，鸡犬舔药器⑦者，亦同飞去。

释义

① 伍被：西汉时期的文学家、思想家，淮南王刘安的重要谋士。

② 诬（wū）其主：捏造罪状，陷害他的主人。

③ 去：指离开人间。

④ 天遣（qiǎn）：○遣：让、使。"天遣"意为：上天让你如此。

⑤ 舍（shè）：本义是客舍，这里指久居。

⑥ 取鼎（dǐng）煮药：传说中，神仙专门用鼎炼制仙药。

⑦ 药器：指那些炼丹、盛药的器具，上面沾着剩下的仙药，所以鸡狗舔了之后，也都变成了神仙。

启示：《神仙传》是晋朝葛洪写的一部书，里面记载了好多神仙故事，非常有趣。这些故事都告诉我们一个道理：只要平常做好事就有好报。

我们现在经常用"一人得道，鸡犬升天"来比喻一个人得了势，那些跟他有关系的人都跟着沾光。

煮豆燃萁

1. 曹丕和曹植是三国时曹操的儿子。相比之下，曹丕城府比较深，有政治才能，而曹植则胸无城府，卓有文采。

眼睛一大一小，机灵乱转；眉毛一上一下，灵活多变；鼻歪嘴斜，一脸坏相。剪纸艺术这种夸张变形的五官刻画，生动幽默地描绘出了兄弟二人之间互相斗法的激烈程度。

2. 究竟立谁为继承人，曹操感到很为难。曹植和曹丕两兄弟为获得继承人的资格，更是拉帮结派，互相斗法，搞得关系很是紧张。

3. 曹操最终决定让曹丕继承自己的事业。曹丕当上丞相之后，很快就逼迫汉献帝让位，自己做了皇帝。由于对曹植怀恨在心，曹丕便想迫害自己的弟弟。

4. 他曾经限曹植在七步之内作一首诗，作不出来就要砍头。曹植的诗很快就作出来了："煮豆持作羹，漉菽以为汁。萁在釜下燃，豆在釜中泣。本是同根生，相煎何太急？"

出处

南朝·刘义庆《世说新语·文学》：文帝①尝令东阿王②七步中作诗，不成者行大法③。应声便为诗曰："煮豆持作羹，漉菽以为汁④。萁⑤在釜下燃，豆在釜中泣。本是同根生，相煎何太急？"帝深有惭色。

释义

① 文帝：曹丕为魏文帝，简称文帝。

② 东阿（ē）王：指曹植，因为曹植曾经被封为东阿王，所以有的书上就称他为东阿王。

③ 不成者行大法：如果七步之内作不出诗来就砍头。因为曹植名声很大，是当时最为著名的大诗人，所以曹丕就这样要求他。

④ 漉菽（lù shū）以为汁：○漉：过滤。○菽：豆子。"漉菽以为汁"意为：把豆子过滤掉，只留下汁。

⑤ 萁（qí）：豆秸，可做煮饭时烧火的材料。

启示：豆和豆秸是同根所生，煮豆的时候，烧的是豆秸。曹植就用这两样东西作诗，来讽刺哥哥这种兄弟相残的行为。

这个典故告诫人们，要珍惜身边的亲人朋友，不要随意伤害，共同帮助才能取得进步。

现在，我们依然用"煮豆燃萁"来比喻兄弟手足间自相残害。

四面楚歌

1. 项羽是秦朝末年一位了不起的大英雄，他跟随叔父项梁起兵抗击暴秦，立下过汗马功劳。

剪纸艺术在那大大的眼珠里的几笔空灵的留白，让一代才女李清照更显得才貌双全。

2. 南宋著名的词人李清照，作诗时还说“至今思项羽，不肯过江东”，可见项羽的影响有多大。

3. 项羽被韩信率领的军队围在垓下的时候，为了瓦解项羽的军心，韩信在晚上让人唱起了楚地的民歌。项羽听后大惊，说：“难道刘邦把楚地都占领了吗？他从哪里得到这么多楚人？”

4. 虽然韩信的大军把项羽包围得一重又一重的，但他还是带领八百多人突围到了乌江。乌江亭长驾着小船要把项羽送过江去，项羽坚决不走。

5. 他把自己的战马送给这位亭长，让部下跟自己一起步战。项羽一个人就又杀了韩信几百名士兵，他自己身上也多处负伤，最后自杀身亡。

出处

西汉·司马迁《史记·项羽本纪》：项王军壁垓下[①]，兵少食尽，汉军及诸侯兵围之数重。夜闻汉军四面皆楚歌，项王乃大惊曰："汉皆已得楚乎？是何楚人之多也！"

释义

①壁（bì）垓下：○壁：指的是军营的围墙。"壁垓下"意为：在垓下建起围墙进行防守。

启示：项羽虽然有些小仁，但是为人贪婪，心胸狭窄，疑心又重，对有能力的人总是加倍防范。韩信、陈平都曾在项羽手下，只因受不了项羽的这些毛病才投靠刘邦。韩信和陈平为刘邦击败项羽起了非常重要的作用。到后来，项羽非常不得人心，连他最重要的谋士范增也离开了他，真可以说是众叛亲离，这是项羽失败的主要原因。

"四面楚歌"现在经常用来比喻一个人不得人心。

草木皆兵

1. 前秦的苻坚准备跟晋朝打一仗，彻底消灭晋朝。许多人都劝他不要这样做，但是苻坚不听劝阻，率领精兵猛将八十七万人，准备一举歼灭晋朝。

面对如此高大威猛的对手，前秦的残兵败将一个个吓得目瞪口呆，丢了魂儿似的仓皇逃窜。剪纸艺术用远近浓淡的对比，把战争的激烈刻画得非常生动。

2. 大战还没开始，晋朝大将刘牢之就率领五千人夜袭前秦军。前秦军损失惨重，锐气大挫，军心动摇。

3. 苻坚遭受打击之后，心里非常不解。他不明白自己坐拥八十余万精兵，怎么会被打得如此狼狈。

4. 于是，苻坚和部下登上了城楼，看见对面晋朝军队布阵齐整；向北一看，八公山上的草木也仿佛都是晋朝的军队。苻坚便对手下的将领们说："这些都是劲敌啊，怎么能说晋朝人少呢？"从这时候起，苻坚开始害怕起来。

出处

唐·房玄龄等《晋书·苻坚载记》：坚与苻融登城而望王师，见部阵齐整，将士精锐；又北望八公山上草木，皆类人形，顾[1]谓融曰："此亦勍[2]敌也，何谓少乎！"怃然[3]有惧色。

释义

① 顾（gù）：回头看。
② 勍（qíng）：强，强大，强有力。
③ 怃然（fǔ rán）：茫然自失的样子。

启示：苻坚发动的这场战争非常有名，是历史上以少胜多、以弱胜强的著名战役，被称为"淝水之战"。草木皆兵是淝水之战之前，苻坚观察晋朝军队动静的时候，发生的一个小的序曲。他发现晋朝军队原来并不像他想象得那么不堪一击，恍惚间，把八公山上的草木也当成晋朝的军队了。这说明人在做事情时，如果心里没底、极度恐慌时，一有风吹草动便会疑神疑鬼。

现在，人们经常用"草木皆兵"来形容一个人过度谨慎，疑神疑鬼，害怕失败，不敢放开手脚做事等。

名落孙山

1. 孙山是吴地人，为人滑稽多才。孙山要参加科举考试，一个同乡委托他带着自己的儿子一起去。

2. 于是，两个人就一起来到了考试的郡城，一起进了考场参加考试。

3. 过了些时日，朝廷公布了被录取者的名单。孙山发现自己被录取了，但是在被录取者的名单中，孙山排在了最后一名，而那个同乡的儿子却没有被录取。

孙山一手用大拇指指着自己，一手用食指指着同乡，这两根手指的细微变化，其实是孙山对自己考中的赞许和对同乡之子未考中的惋惜。剪纸艺术看似平常的局部刻画，其实是其放眼未来的巧妙展现。

4. 回到家后，同乡就向他打听自己的儿子考得怎么样。孙山说：“录取名单里的最后一名是我，而你儿子的名次还在我后面呢。”

出处

南宋·范公偁《过庭录》：吴人孙山，滑稽[①]才子也。赴举[②]他郡，乡人托以子偕[③]往。乡人子失意[④]，山缀[⑤]榜末。先归，乡人问其子得失，山曰："解名尽处[⑥]是孙山，贤郎更在孙山外。"

释义

① 滑稽（huá jī）：形容一个人语言、动作等幽默诙谐，引人发笑。

② 赴举：应举，唐宋时指乡贡入京参加礼部考试。

③ 偕（xié）：一同，一起。

④ 失意：没有实现愿望，不得志，这里指没有考取。

⑤ 缀（zhuì）：连缀、连接，衣服的缀边都是在最外边，孙山正好是最后一名，恰似缀边。

⑥ 解（jiè）名尽处：榜单的尽头。

启示：中国的笔记小说里有许多有趣的故事，"名落孙山"就是其中的一则。滑稽才子孙山用幽默的语言回答了一个难以解答的问题，体现了其过人的机智。

我们现在经常用"名落孙山"来形容考试没有考好，或者选拔没有选上。

梁上君子

1. 陈寔（shí） 住在乡下的时候，有一年遇到了灾荒，人们日子过得都很苦，很多人耐不住苦日子，就做了小偷。

一身破旧的黑衣，苍白变形的脸上挂着一双满是惶恐的眼睛。他死死地抱住房梁，动作生疏，仿佛是第一次“干活”。剪纸艺术如此到位的神形刻画，把梁上盗贼的窘态描绘得惟妙惟肖。

2

2. 有一天晚上，一个小偷去了陈寔的家，藏在房梁上。陈寔在暗中已经看到了这个小偷，但是他并没有声张。

3. 陈寔把子孙们叫到跟前，严肃地说：“你们做人一定要自强勤勉。好吃懒做的人，他们的本质不一定就坏。像在咱们屋梁上蹲着的这位先生，就属于这种情况。”

4. 小偷大惊失色，赶忙跳下来磕头认罪。陈寔温和地对他说：“看你的样子，并不像坏人，别做这种事情了。”然后，陈寔让家人送给他两匹绢，让他走了。

出处

南朝·范晔《后汉书·陈寔传》：时岁荒民俭[①]，有盗夜入其室，止于梁上。寔阴[②]见，乃起自整拂[③]，呼命子孙，正色训之曰："夫人不可不自勉。不善之人未必本恶，习以性成，遂至于此。梁上君子者是矣！"盗大惊，自投于地，稽颡[④]归罪。寔徐譬[⑤]之曰："视君状貌，不似恶人，宜深克己反善。然此当由贫困。"令遗[⑥]绢二匹。自是一县无复盗窃。

释义

① 俭（jiǎn）：贫乏、困苦。

② 阴（yīn）：暗中，暗地里。

③ 整拂（zhěng fú）：整理拂拭。

④ 稽颡（qǐ sǎng）：古代的一种跪拜礼，屈膝下拜，额头要触到地，表示极度悲痛或感谢。

⑤ 譬（pì）：晓谕、使人知晓，这里是开导的意思。

⑥ 遗（wèi）：赠送，赠予。

启示：这个典故告诉我们，无论日子过得多苦，都不能走歪路。像这位梁上君子，同样是辛苦，为什么不用辛勤的汗水养活自己呢？所以，我们对自己要严格要求，而对于那些已经走错路的人，应该学会宽容他们，给他们一个改过自新的机会。如果我们一味地苛责他们，他们就会在错误的路上越走越远。

现在，"梁上君子"已经成了小偷的代称。

嗟来之食

1. 春秋时期，有一年，齐国发生了严重的饥荒，许多人逃荒到别的国家去要饭。

2. 有一天，负责给灾民发放饮食的黔敖看见一个饥寒交迫的人摇摇晃晃地走了过来。

3. 黔敖一见这人的样子，就知道他饿坏了。于是，黔敖左手拿着食物，右手端着水，对这个人喊道：“嗟！来食！”意思就是：“喂！来吃吧！”

4. 这个人听见黔敖的话，扬起头看着他说：“就是因为我不吃嗟来之食，所以才会变成现在这个样子。”黔敖一听，赶忙道歉，可这个人最终还是不肯吃黔敖手中的食物。

前者的行装破烂不堪，后者的动作欲言又止。剪纸艺术通过刻画两个凄凉的背影，展现看似无言的结局，但其中暗喻了世人对饿死不吃嗟来之食者的钦佩与惋惜。

5

5. 后来，他就这样饿死了。孔子的弟子曾参听说了这件事后，评论说：“这个人的做法也有问题啊，黔敖喊‘嗟’的时候，你可以不吃，但是人家已经道歉了，你就可以吃了啊。”

出处

西汉·戴圣《礼记·檀弓下》：齐大饥。黔敖[①]为食于路，以待饿者而食之。有饿者，蒙袂辑屦[②]，贸贸然[③]而来。黔敖左奉食，右执饮，曰："嗟[④]！来食！"扬其目而视之，曰："予唯不食嗟来之食，以至于斯也！"从而谢[⑤]焉，终不食而死。曾子[⑥]闻之，曰："微与！其嗟也，可去，其谢也，可食。"

释义

① 黔敖（qián áo）：人名，春秋时齐国的富商。

② 蒙袂辑屦（méng mèi jí jù）：○蒙袂：用袖子蒙住脸，指不愿见人。○辑屦：拖着鞋不让脱落。"蒙袂辑屦"意为：用袖子蒙住脸，拖着鞋走路，形容潦倒困顿的样子。

③ 贸贸然：○贸：冒失、轻率。"贸贸然"在这里指这个人被饿得有气无力，走路直打晃的样子。

④ 嗟（jiē）：相当于我们现在说的：喂！

⑤ 谢（xiè）：向人认错道歉。

⑥ 曾子：曾参，孔子的弟子。

启示："嗟来之食"在古代是一个非常著名的典故，孟子也曾引用过这个故事。这个典故告诉我们，一方面，不能吃"嗟来之食"，做人要有志气、有骨气，另一方面，不吃"嗟来之食"尽管是有骨气的表现，但不能太过固执，而要懂得变通。文末曾子的评论显然是对这两方面采取了调和折中的态度。

我们现在通常用不食"嗟来之食"来表示一个人有志气，不肯屈就。

量腹而食

1. 墨子是战国时期的思想家，是墨家思想的创始人，他主张兼爱、非攻、尚贤、节用等。

2. 墨子的一个弟子公尚过曾经去过越国，向越王介绍了墨子的思想主张。越王听了非常高兴，说："如果墨子肯来帮助我，我就把过去吴国五百里的土地封给他。"

3. 公尚过把越王的意思传达给墨子，墨子问道："如果越王认可了我的思想，按照我的主张去做，我就会估量着肚子吃饭，比量着身子穿衣，甘心做他的臣子。"

线条洗练流畅的衣袍给人以舒畅的感觉。剪纸艺术用简单的线条刻画，巧妙地表现了兼爱非攻的美好愿望。

4. “如果越王不想采纳我的主张，那我就不去了。如果只是因为越王封给我土地就去帮助他，那就是违背了自己的主张，我又何必大老远地去越国呢？中原这些国家哪个不能封给我土地？”

出处

春秋·墨翟《墨子·鲁问》：子墨子谓公尚过曰："子观越王之志何若？意越王将听吾言，用吾道，则翟将往，量腹而食，度身而衣，自比于群臣，奚能以封为哉[①]？抑越不听吾言，不用吾道，而吾往焉，则是我以义粜[②]也。钧[③]之粜，亦于中国[④]耳，何必于越哉？"

释义

① 奚能以封为哉：墨子讲这句话的意思是，我去不去越国，取决于越王肯不肯用我的主张，不取决于他给我多少土地。在墨子眼里，土地、森林这些社会资源应该属于大众，其出产也应该归大众支配，身为贤人不应该以追逐私利为能。

② 以义粜（tiào）：○义：墨子的思想主张。○粜：本义是卖出粮食，这里是"卖"的意思。墨子认为实现自己的思想主张才是自己应该努力做的，如果背弃了这点，只是为了贪图土地，追求个人的荣华富贵，那就是出卖了自己，所以称这样的做法是"以义粜"。

③ 钧（jūn）：通"均"，都是、同样的意思。

④ 中国：古时称黄河中下游河洛地带的国家为中国，如鲁、晋、郑、卫、宋等国，都属于中国的范畴。

启示：墨子一派认为，人类社会的资源是有限的，身为一个有能力的人，要尽量担负起社会责任，不能过度地浪费。对于今天的人来说，凡事做到足够就好，适可而止，根据自己的实际情况，节制自己的欲望，以免深陷欲壑而无法自拔。

现在，我们常用"量腹而食"来比喻生活中自己加以节制，珍惜资源。

用爱心剪刻美好的中国梦

与卢雪大方家结识，虽不是很久远，但她精湛高超的剪纸技艺和充满诗情画意的艺术作品，深深地打动着我。然而，这并不是最重要的。

剪纸艺术很神奇，神奇的艺术承载的大爱之心、思想理念和文化内涵，是卢雪大方家的“大方”之所在。

因为欣赏，所以交流多一些。言谈之间，说起了当前的文化教育，于是探讨怎样站在前人巨人的肩膀上，到古老民族参天的文化大树上摘一点果实，给当今的孩子们品尝。很快，卢雪大方家就以剪纸作品为画面制作了一套“指尖上的中国系列丛书”。清样送过来，随手翻开一页，不禁被精妙的剪刻技艺所折服。一个个脍炙人口的成语故事、寓言、典故，用生动传神的剪纸画面表现出来，立刻就有了别样的神韵，不能不说这就是艺术的魅力。半册书翻下来，眼前浮现出动人的场景：天真烂漫的孩子们捧着图书，一边读着经典故事，一边用细细的手指沿着剪刀镂刻的线条研究这精妙的构思，艺术营养默默滋养着孩子们的心灵……

这是一套审美的书。审美既是形成道德价值观的基本途径，也是道德水平的具体体现。中国自古以来就形成了以

“六艺”（礼、乐、射、御、书、数）为主要内容的审美教育体系，文人志士常常以审美情趣的高低评判个人道德水准，诗文歌赋、花鸟虫鱼，甚至案几陈设，处处见出雅俗高下。文艺复兴以后的西方，审美教育被推崇到很高的地位，德国著名思想家席勒就指出，“道德状态只是从审美状态发展出来，而不能从自然状态发展出来”，“想使感性的人成为理性的人，除了首先使他成为审美的人以外，再没有别的途径”。可以说，一个人缺少物质尚可以通过勤劳改变境遇，要是缺乏审美能力，他的精神世界将始终贫瘠，再光鲜华丽的外观都难掩内在的低俗和空虚。

“指尖上的中国系列丛书”文字很少，把五分之三的空间留出来放剪纸画，给读者留下了很大的想象空间。小孩子们即使不认得字，也很容易看懂讲的是什么故事和道理；再大一点，就可以研究剪纸技巧，感受艺术载体的魅力，触动艺术审美的萌发。这样的书真正做到了潜移默化，润物无声，没有宣教和接受的障碍，定会赢得孩子们的喜爱。

这是一套文化传承的书，也是一套地道的民族文化教科书。中华民族历史悠久，文化博大精深，深奥神秘，但是文化的精髓从来不是高深的，相反应该是接地气的，通俗易懂的东西才是老百姓真正信奉的东西。在浅显的形式之上，呈现深奥的道理和学问，是教育和引导的高妙所在，这说起来容易，做起来是很难的。“指尖上的中国系列丛书”讲的中国成语故事、寓言和典故，均出自诸子百家经典论著和历朝历代史书、文集，这些故事传承千百年，为百姓所熟知；浅显直白的语言文字配以生动形象的剪纸画，更为百姓所喜闻乐见，老少咸宜。能够将博大精深的民族文化和智慧呈现得如此直观、有趣，让读者在潜移默化中接受、理解和传承中华民族的优秀文化，是这套丛书的一大亮点。

这是一套助力圆梦的书。“少年强则中国强”，中华民族的伟大复兴需要我们的青年一代去努力奋斗，美好的中国梦需要一代又一代中国人坚持不懈地去实现。然而，支撑和指引中国青少年前行的精神力量来自哪里呢？中华民族拥有历史悠久的精神财富和强大的传统理念，儒家的进取精神、道家的冷静理性，以及渗透在百姓中无处不在的道德自律，都是培养优秀人才，推动社会发展进步的清源沃土。我们需要做的，就是不断地把丰富多彩的精神财富挖掘、整理出来，以好的形式和途径呈现给我们的孩子，帮助他们明辨是非，近赤远墨，多汲取有益的营养，少接触低俗污垢，为早日实现中国梦培育和点燃希望。因此，这套书不光是给孩子们看的，年轻的父母也应该多翻一翻，用实际行动为孩子当好表率、做好引导。

这是一套凝结着、释放着爱心的书。从创意到成稿，卢雪大方家和我一起聊了好多次，其间也有过犹疑。比较巧的是，今年上半年山东省体育彩票管理中心在全省启动了“爱心校园”行动，我们给全省150所学校捐赠了体育器材和学习用品，并资助了一批贫困学子。孩子们拿到篮球、足球时的喜悦使我们感到欣慰，贫困家庭的孩子得到资助时流露出的感激却常常使我们百感交集。我们深深地感受到，物质上的资助容易做到，而精神上的帮助却做得太少，我们需要再做点什么。这一次，我们创作出版“指尖上的中国系列丛书”，就是想给孩子们送去一点精神方面的营养，用一个一个的传统故事帮助他们养成正确的人生观、价值观，帮助他们祛除困惑，战胜困难；用一幅一幅的剪纸画滋润他们的心田，培养他们健康的审美意识和道德自觉，使其今后能够成

为自信、自律、自省的优秀人才。我们相信，这就是作为，这就是担当，这一定是有意义的。

在社会各界的大力支持下，“指尖上的中国系列丛书”终于顺利出版。卢雪大方家为之倾注了大量心血，每一刀剪刻、染色、拼色、衬色、烧烫、勾描都一丝不苟，构思精巧，惟妙惟肖，充分展现了当代剪纸艺术大师的深厚功底。当然，由于经验和能力所限，本书在内容编选和设计编排方面还有很多不足，特别是在学术上难免会有失准之处。我们一向认为：贻笑大方是一家之耻，而误人子弟就是民族罪人了。因此，我们深感压力，诚惶诚恐！希望广大读者和学者朋友能够给我们多提宝贵意见和建议，让我们能够享受到文艺批评的净化和滋养，受得刀斧之痛，方能尽善尽美，从而为孩子们提供更好的精神食粮。

哲学家苏格拉底有言：教育不是灌输，是点燃。激发学习的激情，引导积极向上的理念和态度，是家长、教师的基本职责，也是每一个成年人对未成年人应尽的义务。愿我们共勉，共同担当，为下一代的健康成长多努力、多付出。

衷心感谢为“指尖上的中国系列丛书”创作出版给予大力支持的各位领导、专家学者和社会各界朋友！

山东省体育彩票管理中心　张云海

2014年11月11日

图书在版编目(CIP)数据

中国典故:全3册/卢雪著.—济南:济南出版社,2014.11

ISBN 978-7-5488-1366-8

Ⅰ.①中… Ⅱ.①卢… Ⅲ.①汉语—典故—青少年读物 Ⅳ.①H136.3-49

中国版本图书馆CIP数据核字(2014)第265538号

中国典故

丛书策划 张云海 郭 锐
责任编辑 丁洪玉
文字整理 陈 平
装帧设计 焦萍萍 王 楠
插图设计 蒋雪娇 王 斌 路晓帆 李 玲
出版发行 济南出版社
地 址 山东省济南市二环南路1号(250002)
电 话 0531-86131730 86131735
网 址 www.jnpub.com
经 销 各地新华书店
印 刷 山东省东营市新华印刷厂
版 次 2014年11月第1版
印 次 2014年11月第1次印刷
开 本 145mm×210mm 1/32
印 张 6.625
字 数 90千字
定 价 59.40元(全3册)

法律维权 0531-82600329